DE LA
PROPRIÉTÉ INTELLECTUELLE

ÉTUDES DE LÉGISLATION COMPARÉE

PAR

MARCEL GUAY

DOCTEUR EN DROIT, AVOCAT A LA COUR D'APPEL DE PARIS

« Peut-être nous sommes-nous reposés trop complaisamment sur l'œuvre de nos pères : nous nous étions habitués à ne jeter au delà de nos frontières que des regards distraits. Cependant le temps a marché, et l'orage a courbé nos têtes en expiation de nos fautes. Nous n'avons plus le droit de nous isoler des législations étrangères. »

Me BÉTOLAUD.

(Discours prononcé à l'ouverture de la Conférence des avocats, le 25 novembre 1873.)

ÉTATS-UNIS

DISPOSITIONS DE L'ACTE DU 8 JUILLET 1870

RELATIVES AUX DROITS DE COPIE

PARIS

E. DUCHEMIN	E. DENTU
LIBRAIRE	LIBRAIRE DE LA SOCIÉTÉ DES GENS DE LETTRES
Rue Cujas, 10	Palais-Royal, 15-17-19, Galerie d'Orléans

1877

DE LA
PROPRIÉTÉ INTELLECTUELLE

ÉTUDES DE LÉGISLATION COMPARÉE

PAR

MARCEL GUAY

DOCTEUR EN DROIT, AVOCAT A LA COUR D'APPEL DE PARIS

> « Peut-être nous sommes-nous reposés trop complaisamment sur l'œuvre de nos pères : nous nous étions habitués à ne jeter au delà de nos frontières que des regards distraits. Cependant le temps a marché, et l'orage a courbé nos têtes en expiation de nos fautes. Nous n'avons plus le droit de nous isoler des législations étrangères. »
>
> Me Bétolaud.
> (*Discours prononcé à l'ouverture de la Conférence des avocats, le 25 novembre 1876.*)

ÉTATS-UNIS

DISPOSITIONS DE L'ACTE DU 8 JUILLET 1870

RELATIVES AUX DROITS DE COPIE

PARIS

E. DUCHEMIN	E. DENTU
LIBRAIRE	LIBRAIRE DE LA SOCIÉTÉ DES GENS DE LETTRES
Rue Cujas, 10	Palais-Royal, 15-17-19, Galerie d'Orléans

1877

Tous droits réservés.

LA PROPRIÉTÉ INTELLECTUELLE

ÉTATS-UNIS

TRADUCTION ET COMMENTAIRE DES DISPOSITIONS

DE

L'ACTE DU 8 JUILLET 1870

RELATIVES AUX DROITS DE COPIE

(SECTIONS 85-111)

1° TRADUCTION

· ·

Le Sénat et la Chambre des Représentants des États-Unis
d'Amérique, assemblés en Congrès, arrêtent :

. . . .

. . . .

. . . .

SECTION 85. — Tous documents et autres pièces relatifs aux droits de copie, et dont la loi prescrit la conservation, seront placés sous la surveillance du Bibliothécaire du Congrès, et déposés et conservés dans la Bibliothèque du Congrès. Ce fonctionnaire en sera le gardien et le conservateur immédiat, et il devra, sous la surveillance de la Commission du Congrès attachée à la Bibliothèque, délivrer toutes pièces et accomplir toutes formalités requises par la loi sur les droits de copie. Il fera faire un sceau à l'usage dudit service avec une devise approuvée par la Commission préposée à la Bibliothèque, lequel aura pour objet de conférer l'authenticité à tous actes et documents délivrés par ce service et destinés à servir de preuves. Le Bibliothécaire fournira aussi un cautionnement supplémentaire de 5,000 dollars, avec garanties, entre les mains du Trésorier des États-Unis, et ce avec l'engagement de rendre aux fonctionnaires du Trésor un compte exact de toutes les

[Note marginale : Le Bibliothécaire du Congrès aura soin des droits de copie.]

[Note marginale : Il aura le sceau.]

[Note marginale : Cautionnement.]

sommes qu'il aura perçues en vertu de ses fonctions. Il fera également un rapport annuel au Congrès sur le nombre et la nature des publications faisant l'objet d'un droit d'auteur qui auront été enregistrées dans l'année. Il sera alloué au Bibliothécaire du Congrès, à partir de l'entrée en vigueur du présent acte, un traitement annuel de 4,000 dollars.

SECTION 86. — Tout citoyen ou habitant des États-Unis qui sera auteur, inventeur, créateur ou propriétaire d'un livre, d'une carte de géographie, d'un plan, d'une composition dramatique ou musicale, d'une gravure quelconque, d'une estampe, d'une photographie ou d'un cliché photographique, d'une peinture, d'un dessin, d'une chromo-lithographie, d'une statue, d'une sculpture, d'un modèle ou d'une esquisse destinés à être perfectionnés comme œuvres d'art, ainsi que ses exécuteurs testamentaires, fondés de pouvoir ou ayants cause, jouiront, en remplissant les formalités ordonnées par le présent acte, du droit exclusif de les imprimer, réimprimer, publier, compléter, copier, exécuter, achever et vendre ; et, s'il s'agit d'une composition dramatique, de la jouer ou représenter en public, ou de la faire jouer ou représenter par d'autres. Les auteurs pourront se réserver le droit de tirer de leurs ouvrages des pièces de théâtre ou de les traduire.

SECTION 87. — Les droits de copie seront accordés aux auteurs durant l'espace de *vingt-huit ans*, à partir de l'enregistrement de l'intitulé de l'ouvrage, effectué de la manière indiquée ci-après.

SECTION 88. — Lorsque l'auteur, l'inventeur, le dessinateur sera encore vivant et citoyen des États-Unis, ou y résidant, ou qu'à son décès il aura laissé une veuve ou des enfants, le même droit exclusif sera prorogé pour une période ultérieure de *quatorze ans*, à la charge par le titulaire de ce droit d'enregistrer une deuxième fois l'intitulé de l'ouvrage ou la description de l'œuvre, et d'accomplir toutes les formalités prescrites pour acquérir originairement le droit exclusif de reproduction, le tout dans le délai de six mois avant l'expiration de la première période. La même personne devra, dans les deux mois à partir dudit renouvellement, faire publier une copie de son titre dans un ou plusieurs des journaux imprimés aux États-Unis, insertion qui devra être répétée pendant quatre semaines.

SECTION 89. — Les droits de copie seront juridiquement cessibles au moyen d'un écrit quelconque ; cette cession devra être enregistrée au bureau du Bibliothécaire du Congrès dans les soixante jours de la signature du contrat ; à défaut de cet enregistrement, et sans qu'il y ait besoin de donner d'avertissement, elle sera nulle et ne pourra être valablement prise en considération à l'égard d'aucun acheteur ou créancier hypothécaire ultérieur.

La cession des droits de copie doit être enregistrée.

SECTION 90. — Pour être admis à jouir du droit de copie, il faudra, avant la publication, mettre à la poste une copie imprimée de l'intitulé du livre ou autre œuvre intellectuelle, ou une description de la peinture, du dessin, de la chromo-lithographie, de la statue, de la sculpture, ou bien du modèle ou de l'esquisse d'une œuvre d'art sur lesquels on désire acquérir le droit de copie, et cela à l'adresse du Bibliothécaire du Congrès ; il faudra, en outre, dans les dix jours de la publication, mettre à la poste deux copies dudit livre ou de ladite œuvre, ou, s'il s'agit d'une peinture, d'un dessin, d'une statue, d'une sculpture, d'un modèle ou d'une esquisse d'une œuvre d'art, une photographie desdites œuvres, adressée au Bibliothécaire du Congrès, comme il est disposé ci-après.

Enregistrement des droits de copie; obligations de celui qui les réclame.

SECTION 91. — Le Bibliothécaire du Congrès enregistrera immédiatement l'intitulé du livre, ou autre œuvre sur laquelle on demande le droit de copie, sur un registre spécial, et dans les termes suivants :
« Bibliothèque du Congrès. Certifié que, le. . . . . jour de
» l'année . . . . , A. B., de . . . . , a déposé au
» présent Bureau l'intitulé d'un livre (ou d'une carte, plan ou autre
» travail, ou ouvrage dont il est ici question, ou la description de l'œu-
» vre), dont l'intitulé ou la description est conçue en ces termes, savoir :
» (*Inscrire ici l'intitulé ou la description*), et sur lequel il réclame les
» droits d'auteur, de créateur (ou de propriétaire, suivant le cas), con-
» formément aux lois des États-Unis sur les droits de copie. C. D.
» Bibliothécaire du Congrès. » Et le Bibliothécaire du Congrès délivrera audit propriétaire, toutes les fois qu'il en sera requis, une copie de l'intitulé ou de la description revêtue du sceau du Bibliothécaire du Congrès.

Enregistrement des droits de copie; obligations du Bibliothécaire.

Honoraires.

SECTION 92. — Pour l'enregistrement de l'intitulé ou de la des-cription de tout livre ou travail faisant l'objet du droit de copie, le Bibliothécaire du Congrès percevra du requérant 50 *cents ;* pour chaque copie scellée qui sera délivrée en même temps audit requérant ou à ses ayants cause, 50 *cents ;* pour l'enregistrement de tout contrat de cession d'un droit de copie, 15 *cents* par chaque centaine de mots; pour chaque copie qu'il en fera, 10 *cents* par chaque centaine de mots. Les sommes perçues de ce chef seront versées au Trésor des États-Unis.

Envoi des objets au Bibliothécaire du Congrès.

SECTION 93. — Tout propriétaire d'un livre ou autre travail donnant lieu à un droit d'auteur mettra à la poste, dans les dix jours de la publication, à l'adresse du Bibliothécaire du Congrès à Washington, deux copies imprimées complètes de la meilleure édition qui aura été publiée, ou la description ou photographie de cet ouvrage, telle qu'elle est exigée ci-dessus, ainsi qu'un exemplaire de toute édition subséquente dans laquelle il aurait été introduit des changements essentiels.

Pénalités édictées en cas d'omission.

SECTION 94. — Faute de cet envoi par la poste, le propriétaire encourra une amende de 25 dollars, à toucher par le Bibliothécaire du Congrès, au nom des États-Unis, dans les formes d'un procès pour dette par-devant tout Tribunal de district des États-Unis dans le ressort duquel le délinquant résiderait ou serait rencontré.

L'envoi peut avoir lieu franco pour le Bibliothécaire.

SECTION 95. — Tout livre ou travail donnant lieu au droit de copie pourra être adressé au Bibliothécaire du Congrès par la poste et franc de port, pourvu que les mots « *Affaire de droit de copie* » soient écrits ou imprimés en toutes lettres à l'extérieur de l'enveloppe qui le renferme.

Obligations du directeur des postes.

SECTION 96. — Le Directeur des postes auquel il est remis un livre, l'intitulé d'un écrit ou toute autre chose donnant lieu à un droit de copie, en donnera récépissé, s'il en est requis ; et, après cette remise, il l'enverra par la poste à destination et sans frais pour le propriétaire.

Notification des droits de copie.

SECTION 97. — Toute personne, pour intenter une action en violation du droit de copie, devra avoir donné connaissance de ce droit au public, en insérant dans tous les exemplaires de l'édition qu'elle publiera, sur la page du titre ou sur celle qui suivra immédiatement, s'il s'agit d'un livre, ou bien, s'il s'agit d'une carte de géographie, d'un plan, d'une composition musicale, d'une estampe, d'une gravure quelconque, d'une photographie, d'une peinture, d'un dessin, d'une chromo-lithographie, d'une statue, d'une sculpture quelconque, ou d'un modèle ou d'une exquisse destinés à être perfectionnés et complétés comme œuvres d'art, en inscrivant sur une partie quelconque du devant ou du haut desdits objets ou sur la face de la substance sur laquelle ils seront montés, les mots suivants : « *Enregistré, conformément à l'acte du Congrès, l'an. . . ., par A. B., au bureau du Bibliothécaire du Congrès, à Washington.* »

SECTION 98. — Quiconque insérera ou imprimera l'avis ci-dessus ou des mots de la même signification dans ou sur un livre, une carte de géographie, un plan, une composition musicale, une estampe, une gravure quelconque, une photographie ou autres œuvres mentionnées plus haut et sur lesquelles il n'a pas acquis les droits de copie, sera, pour peine de cette contravention, tenu de payer une amende de 100 dollars, dont une moitié sera attribuée à la personne qui le poursuit de ce chef et l'autre aux États-Unis, ces 100 dollars recouvrables par voie d'action en justice intentée devant tout Tribunal compétent.

SECTION 99, — Après que l'intitulé d'un écrit aura été enregistré de la manière prescrite et dans le délai fixé par la loi, quiconque, sans le consentement du propriétaire des droits de copie, lequel consentement devra être préalablement donné par acte écrit et signé en présence de deux témoins ou un plus grand nombre, aura imprimé, publié ou importé, ou bien, sachant que cet écrit a été imprimé, publié ou importé de ladite manière, aura vendu ou mis en vente un exemplaire dudit écrit, subira la confiscation de tous les exemplaires au bénéfice du propriétaire, sans préjudice des dommages-intérêts que ledit propriétaire obtiendra par voie d'action civile par-devant tout Tribunal compétent.

SECTION 100. — Quiconque, — après enregistrement de l'intitulé d'une carte de géographie, d'un plan, d'une composition musicale, d'une estampe, d'une gravure quelconque, d'une photographie, d'une chromo-lithographie, ou de la description d'une peinture, d'un dessin, d'une statue, d'une sculpture, ou d'un modèle ou d'une esquisse destinés à être achevés et exécutés comme œuvres d'art, suivant les prescriptions de la présente loi et dans les délais qu'elle détermine,—aura, sans le consentement préalable du propriétaire des droits de copie (lequel consentement devra être donné par acte écrit et signé en présence de deux témoins ou un plus grand nombre), gravé au burin ou à l'eauforte, exécuté, copié, imprimé, publié ou importé, soit en entier, soit en partie, ou par un changement du dessin principal fait en vue d'éluder la loi, ou bien, sachant que l'œuvre a été imprimée, publiée ou importée dans les conditions susdites, aura vendu ou mis en vente un exemplaire desdites cartes ou autres œuvres susmentionnées, subira de la part du propriétaire la confiscation de toutes les planches qui auront servi à la reproduction et de toute feuille, copiée ou imprimée, qui existera encore entre ses mains, et, en outre, payera 1 *dollar* pour chaque feuille qui sera trouvée en sa possession, soit en train d'être imprimée, copiée, publiée, importée ou mise en vente, et, dans le cas d'une peinture, d'une statue, d'une sculpture, donnera 10 *dollars* pour chaque exemplaire qui sera en sa possession ou qu'il aura vendu ou mis en vente, dont une moitié sera attribuée au propriétaire et l'autre mise à la disposition des États-Unis, l'une et l'autre somme recouvrables par action en justice intentée devant tout Tribunal compétent.

SECTION 101. — Quiconque jouera ou représentera publiquement une œuvre dramatique sur laquelle il a été acquis des droits d'auteur, sans le consentement du propriétaire ou de ses ayants cause, sera pour ce fait passible de dommages-intérêts recouvrables par action en justice intentée devant tout Tribunal compétent; ces dommages seront arbitrés par le Tribunal, mais ne pourront jamais être taxés à une somme moindre de 100 *dollars* pour la première représentation et 50 *dollars* pour chaque représentation subséquente.

SECTION 102. — Tout individu qui aura imprimé ou publié un manuscrit quelconque sans le consentement préalable de l'auteur ou propriétaire (si l'auteur ou propriétaire est citoyen des États-Unis ou qu'il y soit domicilié) sera responsable envers ledit auteur ou propriétaire de tous dommages qu'il lui aurait causés par son fait illicite. Les dommages-intérêts devront être réclamés au moyen d'une demande en justice, formée à cette fin devant tout Tribunal compétent.

SECTION 103. — La présente loi ne pourra être interprétée de manière à faire défense d'imprimer, de publier, d'importer ou de vendre un livre, une carte de géographie, un plan, une composition dramatique ou musicale, une estampe, une gravure quelconque, une photographie, ou, en général, un ouvrage dont l'auteur ne serait ni citoyen ni habitant des États-Unis.

Droit d'importer et imprimer les ouvrages étrangers.

SECTION 104. — Toute action à raison d'un méfait ou délit commis à l'encontre des lois sur les droits de copie sera prescrite dans les deux ans à compter du jour où aura été commis le fait qui y a donné lieu.

Prescription de l'action en justice.

SECTION 105. — Dans tous les procès pour infraction aux lois sur les droits de copie, le défendeur aura le droit non-seulement de plaider en général contre la demande, mais aussi de faire la preuve contraire de tous les faits spéciaux.

Procès.

SECTION 106. — Toutes actions, poursuites, litiges et procès auxquels donneront lieu les lois des États-Unis sur les droits de copie seront directement, aussi bien en équité qu'en droit positif, en matière civile qu'en matière pénale, de la compétence des Cours de circuit des États-Unis, ou de tout Tribunal de district ayant la juridiction dans la Cour de circuit, ou de la Cour suprême du district de Columbia ou d'un territoire quelconque. La Cour, saisie d'une demande d'équité faite par une partie lésée, aura pouvoir d'accorder les *injonctions* et d'arrêter les violations de l'un quelconque des droits garantis par lesdites lois, et ce dans les formes et suivant les principes suivis par les Cours d'équité, et dans la limite qu'elle jugera convenable.

Causes du ressort des Cours.

SECTION 107. — Le recours pour erreur ou l'appel à la Cour suprême des États-Unis aura lieu pour tous les jugements et arrêts rendus par toute Cour de justice, en toute action, poursuite, litige ou procès relatifs à des droits de copie, et ce dans la même forme et aux mêmes conditions que pour tous autres jugements et arrêts desdites Cours, et quels que soient la somme d'argent ou l'intérêt en litige.

Appel à la Cour suprême.

SECTION 108. — Toutes les actions résultant des lois sur les droits de copie et tendant à des condamnations aux dommages-intérêts, à la

Restitution intégrale des frais.

confiscation ou autres peines, comprendront la restitution intégrale des frais.

Transport des livres, etc., à la Bibliothèque du Congrès.

SECTION 109. — Le dépôt et la remise de tous les livres, cartes de géographie, plans et, en général, des publications de toute espèce, antérieurement déposés au département de l'Intérieur, conformément aux lois sur les droits de copie, ainsi que de tous les registres y relatifs qui ont été transportés du département de l'État au département de l'Intérieur, se feront sous la surveillance du Bibliothécaire du Congrès, qui demeure chargé par la présente loi d'exercer toutes les fonctions relatives aux droits de copie et instituées par la loi.

SECTION 110. — Le Greffier de chacune des Cours de district des États-Unis remettra immédiatement au Bibliothécaire du Congrès tous les livres, cartes, estampes, photographies, compositions musicales et toutes autres publications déposées aux bureaux dudit greffier et qui n'auraient pas été remises antérieurement au Ministère de l'Intérieur à Washington, ainsi que toutes les pièces constatant des droits de copie et qui sont en sa possession, y compris les intitulés déjà enregistrés et les dates d'enregistrement : toutefois, lorsqu'il y aura en double exemplaire un ouvrage de droit, de science ou de mécanique, un exemplaire de cet ouvrage pourra être déposé à la Bibliothèque du Bureau des Brevets d'invention, contre un récépissé que le Commissaire des Brevets délivrera au Bibliothécaire du Congrès.

Abrogation de lois antérieures et son effet.

SECTION 111. — Les lois et parties de lois rappelées dans le tableau ci-après annexé (1) demeurent abrogées par les présentes, ainsi que les lois ou parties de lois qu'elles avaient déjà abrogées par un article ou une disposition spéciale. La présente abrogation ne pourra avoir pour effet d'atteindre et de modifier aucun des droits existant déjà

(1) Les lois énumérées dans ce tableau, et auxquelles renvoie la Section 111, sont les lois du 15 février 1819, du 3 février 1831, du 30 juin 1834, du 18 août 1856, du 5 février 1859, du 18 février 18 1, du 3 mars 1865 et du 18 février 1867.

en vertu d'une quelconque desdites lois. Toutes les poursuites, tous les motifs de poursuite, tant en droit positif qu'en équité, auxquels aurait donné naissance une quelconque desdites lois peuvent être commencées et continuées, être invoqués et persister; les poursuites déjà engagées pourront être continuées et conduites jusqu'au jugement final et jusqu'à l'exécution, comme si la présente loi n'était pas intervenue. Mais les dispositions de la présente loi seront applicables à toutes les poursuites et à tous les procès qui s'engageront après sa publication.

Toutes les infractions définies et punies par l'une quelconque desdites lois pourront être poursuivies; toutes les pénalités et confiscations qu'elles prononcent et qui ont été encourues avant l'entrée en vigueur de la présente loi pourront être demandées et obtenues, et lesdites infractions pourront être punies conformément aux dispositions desdites lois qui sont restées en vigueur sur ce chef.

Approuvé, le 8 juillet 1870.

INDEX

THÉORIE DE L'ACTION PAULIENNE EN DROIT ROMAIN, précédée d'un
Examen de cette action suivant la philosophie du droit et l'économie
politique, par Marcel Guay, docteur en droit, avocat à la Cour d'appel
de Paris. 1875. 1 vol. in-8°.   4 fr. 50 c.

DE LA PROPRIÉTÉ LITTÉRAIRE. Explication de la loi du 14-19 juillet 1866
sur les droits des héritiers et des ayants cause des auteurs, par *le même.*
1876. 1 vol. in-8°.   2 fr.

DE LA PROPRIÉTÉ LITTÉRAIRE, DRAMATIQUE ET ARTISTIQUE dans
les divers États de l'Amérique latine. Études de législation comparée, par
le même. — 1° **Mexique.** Traduction des articles 1245-1387 du Code civil
de Mexico. 1876. 1 vol. in-8°.   2 fr.

(Le Commentaire de ces articles est sous presse.)

OBSERVATIONS SUR LA LÉGISLATION MEXICAINE en matière de propriété littéraire, dramatique et artistique, par *le même.* (*Extrait du*
tome XXI° des **Annales** *de la propriété industrielle, artistique et litté-*
raire. 1876. 1 vol. in-8°).   1 fr. 25 c.

DE LA PROPRIÉTÉ INTELLECTUELLE. Études de Législation comparée, par
le même. — **États-Unis.** *Acte du 18 Juin 1874 sur les Brevets d'invention,*
les Marques de Commerce et les Droits de copie. 1877. in-8°.   75 c.

PARIS. — IMPRIMERIE Vte P. LAROUSSE ET Cie, RUE NOTRE-DAME-DES-CHAMPS, 49.

www.ingramcontent.com/pod-product-compliance
Ingram Content Group UK Ltd.
Pitfield, Milton Keynes, MK11 3LW, UK
UKHW020205080726
13614UKWH00006B/2628